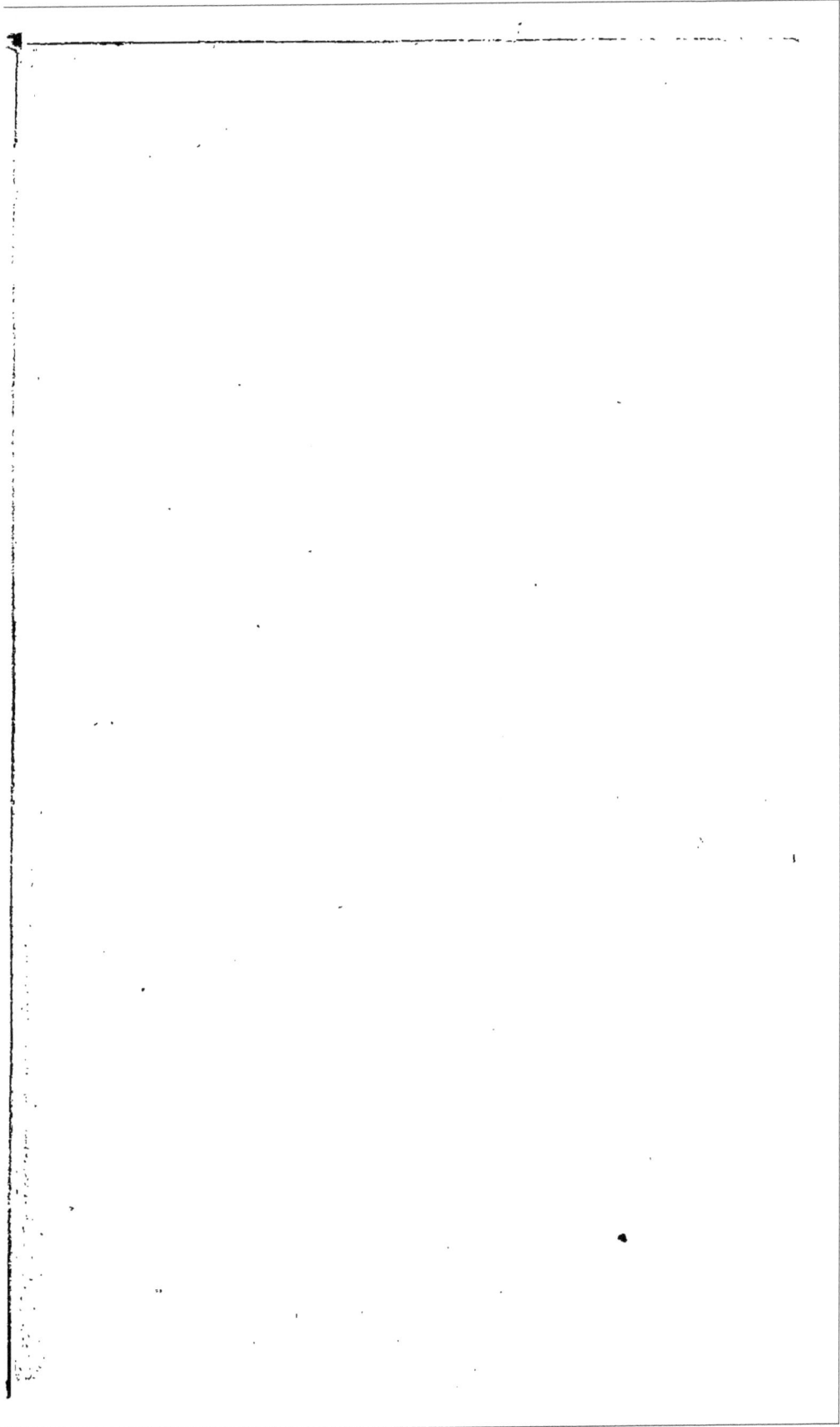

LK 7349.

DESCRIPTION

DU PALAIS

DES TUILERIES

de son Jardin et de ses Statues,

ORNÉE

D'UN PLAN FIGURATIF.

PRIX : 30 CENTIMES.

PARIS,

TYPOGRAPHIE LACRAMPE ET COMPAGNIE,

rue Damiette, 2.

—

1844.

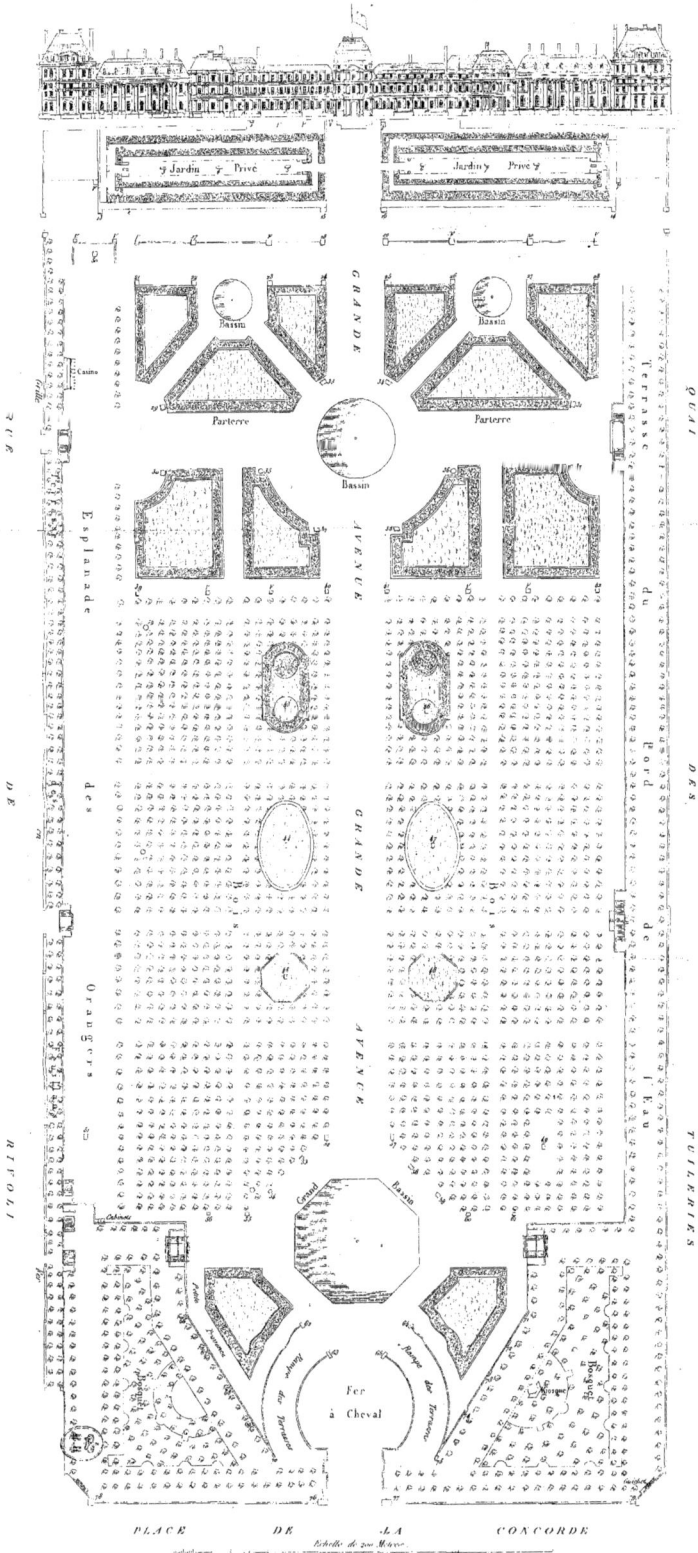

PERSPECTIVE DU PALAIS ET PLAN DU JARDIN DES TUILERIES

Dressé par G. Alvar Toussaint, Architecte

Gravé par Al. Vinheler

Jardin Privé   Jardin Privé

Bassin   Bassin

Casino

GRANDE

Parterre   Parterre

Bassin

AVENUE

Esplanade des

GRANDE

AVENUE

Orangers

Grand Bassin

Fer à Cheval

Terrasse

Bord de l'Eau

QUAI

RUE DE RIVOLI

DES TUILERIES

PLACE DE LA CONCORDE

Echelle de 200 Mètres

AU PUBLIC

A QUI CE LIVRET S'ADRESSE.

—

Il n'y a point de Parisien qui n'ait été cent fois admirer les Tuileries et qui n'y retourne plusieurs fois par an ; point d'étranger venant dans la capitale de la France qui n'ait dirigé ses premiers pas vers le chef-d'œuvre de notre grand décorateur; mais peu de personnes ont été à même, faute d'un guide intelligent, d'apprécier les beautés qui en font la plus magifique promenade du monde : peu de personnes ont une juste idée des richesses que ce jardin renferme ; car, jusqu'à ce jour, il n'existait ni de description particulière du palais, ni de plan du jardin sur lequel on pût embrasser d'un coup-d'œil cette vaste étendue de terrain.

Il fallait pour cela recourir à ces indicateurs généraux des monumens de Paris, qui, outre l'inconvénient de ne point être à la portée de toutes les bourses, à cause de leur prix élevé, ont encore celui de ne pouvoir consacrer qu'une ou deux pages à des sujets qui exigeraient un volume, et de n'offrir que des plans en miniature.

Le petit ouvrage que nous livrons aux étrangers comme aux Parisiens, suppléera à tous ces abrégés qui n'apprennent rien. Nous l'avons fait aussi complet qu'on peut le désirer.

La partie architecturale y a été traitée d'après les meilleurs artistes, de même que tout ce qui a rapport à la décoration du jardin a été l'objet d'investigations consciencieuses. Les statues, les vases de prix, qui sont les plus précieux ornemens de cette promenade unique, occupent à eux seuls un long chapitre de notre livre. Une belle planche, représentant la perspective du palais et le plan topographique du jardin, sur une échelle convenable, met sous les yeux du lecteur l'ensemble de ce monument national, comme il sert à en faire connaître tous les détails avec une exactitude minutieuse ; elle sert encore à indiquer les places qu'occupent les chefs-d'œuvre de sculpture que l'on y trouve au nombre de plus de quatre-vingts, de même que les moindres objets.

Le but que nous nous sommes proposé sera atteint quand nous entendrons les promeneurs déclarer qu'ils ont mieux connu, mieux apprécié ce palais et ce jardin en les parcourant une seule fois notre livret, notre plan à la main, qu'ils ne l'avaient fait dans dix années d'une fréquentation habituelle.

Paris, ce 1er novembre 1844.

DESCRIPTION

DU

PALAIS des TUILERIES,

DE SON JARDIN ET DE SES STATUES,

SUIVIE DES ÉVÉNEMENS HISTORIQUES DONT ILS ONT ÉTÉ LE THÉÂTRE.

————

Les vieilles chroniques et les descriptions qui nous restent de Paris au quatorzième siècle, nous apprennent que l'emplacement occupé aujourd'hui par ce palais et par son jardin, s'appelait la *Sablonnière*, et que vers 1550 on y établit quelques tuileries qui s'y multiplièrent considérablement. On trouve sur les registres de la chambre des Comptes les noms de ceux qui ont demeuré sur ce même terrain durant deux ou trois cents ans, ainsi que le nombre de tuiles qu'ils ont fournies tant pour le *Palais* et le *Vieux-Louvre* que

1

l'hôtel royal des Tournelles, de St-Paul et autres maisons que les rois de France ont fait construire à Paris et tout autour. Les fours et les ateliers des fabriques de tuiles encombraient encore les cours du palais des Tuileries lorsque Louis XIV le fit restaurer.

Indépendamment de ces fabriques de tuiles, ce vaste terrain était encore occupé par plusieurs maisons disséminées sur des jardins et des garennes: parmi ces maisons on distinguait celle que possédait, au commencement du seizième siècle, Nicolas de Neuville, secrétaire des finances et audiencier du roi. Elle se composait d'un grand corps de logis avec cours et jardin enclos.

On raconte que la duchesse d'Angoulême, mère de François Ier, ne pouvant supporter le séjour du palais des Tournelles, résidence des rois de ces temps-là, jeta les yeux sur la maison de M. Neuville, qu'elle alla habiter et où elle recouvra la santé. François Ier fit alors l'acquisition de la maison dite des *Tuileries*, et donna en échange à M. de Neuville le château et le parc de Chanteloup, près d'Arpajon. Le contrat fut passé le 12 février 1518. Six ans après, la duchesse d'Angoulême, alors régente, donna cette maison à Jean Tiercelin, maître d'hôtel du dauphin, et à Julie

Crot, en cadeau de noces et pour en jouir leur vie durant.

Quand Charles IX eut ordonné, par son édit du 28 janvier 1564, la démolition du palais des Tournelles, Catherine de Médicis voulut en faire bâtir un autre : à cet effet, elle acheta les bâtimens et les terres voisines de l'hôtel de Neuville. Le palais et le jardin que nous connaissons aujourd'hui sous le nom des *Tuileries* furent commencés aussitôt. En 1566, on éleva un mur pour entourer le jardin, et à l'extrémité de ce mur Charles IX posa, le 11 juillet, la première pierre du bastion, en forme de fortification, qui régnait autrefois du côté de la rivière, et dont on a fait plus tard la terrasse dite du *bord de l'eau*, laquelle se terminait par la *barrière de la Conférence*.

La construction du palais, commencée en même temps que le déblaiement du terrain destiné à son jardin, fut confiée à Philibert Delorme, abbé de St-Éloy, près Noyon, conseiller et aumônier du roi, et à Jean Bullant, regardés comme les deux plus habiles architectes de leur siècle. On rapporte que Delorme et Bullant présentèrent le plan d'un palais beaucoup plus vaste que celui qu'ils édifièrent ; mais que Catherine ne se sentit pas assez riche pour faire exécuter le plan primitif, ayant

même été obligée de vendre plusieurs terrains va-
cans, ainsi que les hôtels des Tournelles et d'Angoulême, pour se procurer les fonds nécessaires ;
car François Ier n'avait que trop justifié cette pré-
diction de Louis XII : « *C'est en vain que nous éco-
nomisons, ce gros garçon-là gâtera tout.* »

DESCRIPTION PRIMITIVE DU PALAIS DES TUILERIES.

Le palais des Tuileries ne se composa d'abord
que du pavillon du milieu, des deux corps de logis ou galeries qui l'accompagnent, et des deux
pavillons qui viennent immédiatement après et
qui occupent aujourd'hui le milieu de chaque aile.
Le pavillon du milieu était alors de forme carrée
et moins élevé que nous ne le voyons. Du côté de la
cour, il était orné de colonnes de marbre des trois
ordres, ionique, corinthien et composite, avec un
attique au dessus : les colonnes du premier ordre
étaient à bandes de marbre avec des ornemens
symboliques sur les bandes. Du côté du jardin,
ces mêmes ordres se trouvaient seulement en pier-
res, mais à peu près dans la même disposition.

Les deux corps de logis latéraux du pavillon
central offraient primitivement, du côté du jardin,
deux galeries découvertes, supportées chacune

par douze arcades, à l'extrémité desquelles se trouvaient deux autres pavillons carrés, moins élevés que celui du centre. Du côté de la cour, le palais ne présentait qu'un triple étage de croisées.

Les rez-de-chaussée des deux façades du palais primitif sont encore aujourd'hui ornés de colonnes et de pilastres d'ordre ionique en bossage de marbre incrusté. Les ornemens de sculpture y sont traités avec plus de profusion que de goût.

Néanmoins, les cinq pièces qui formaient la façade entière, avaient de la régularité et de bonnes proportions; et en les considérant encore actuellement détachées du reste, on trouve qu'elles pouvaient former un ensemble d'une très belle disposition. Seulement on lui reprochait les énormes toitures empruntées à l'architecture des châteaux-forts de la féodalité, lesquelles formaient une contradiction avec l'ordonnance grecque et romaine que Delorme fut le premier à donner à l'architecture française, après l'avoir dépouillée de la forme et des ornemens gothiques.

Tel était le château des Tuileries lorsque Catherine de Médicis en fit son habitation, tandis que le roi se tenait au Louvre. A cette époque un astrologue lui ayant prédit qu'elle mourrait auprès de St-Germain, « on la vit fuir avec soin, dit Mézerai, tous les lieux et toutes les églises qui portaient ce nom. Elle n'alla plus à St-Germain-en-Laye, et même, à cause que son palais des Tuileries se trouvait sur la paroisse de St-Germain-l'Auxerrois, elle en fit bâtir un autre (l'hôtel de Soissons) près de St-Eustache (*). » C'est ainsi qu'elle croyait se soustraire au tribut que tous les mortels paient à la nature, et l'argent du peuple était gaspillé pour conjurer ses superstitieuses terreurs.

CONSTRUCTIONS AJOUTÉES, SOUS LE RÈGNE DE HENRI IV, AU PALAIS DES TUILERIES.

Les troubles dont le royaume fut agité sous le règne de Henri III, ne permirent pas de continuer le palais des Tuileries : ce ne fut que lorsque Henri IV se rendit paisible successeur du trône qu'on lui avait disputé si long-temps, que ce roi crut sa gloire intéressée à faire terminer un monument qui avait déjà coûté tant d'argent.

On se mit donc à construire de chaque côté des bâtimens achevés par Delorme (**), et dans le

(*) L'*Hôtel de Soissons* occupait l'emplacement où est actuellement la halle au Blé.

(**) On ne sait pas au juste la part que chacun de ces deux

même alignement, deux autres corps-de-logis avec deux grands pavillons aux extrémités. Par cette augmentation, la façade du palais, qui, du temps de Charles IX, n'avait que 80 toises de développement, sur 17 à 20 de largeur, en eut 168 et 5 pieds dans la nouvelle façade. Enfin on commença, en 1660, la superbe galerie qui joint les Tuileries au Louvre du côté de la rivière.

Mais les deux nouveaux corps-de-logis et les deux grands pavillons ne furent entièrement achevés que sous Louis XIII, sur les dessins de Ducerceau, qui, dit-on, changea l'ordonnance et la décoration des premiers architectes. On lui attribue les deux corps de bâtimens d'ordonnance corinthienne ou composite qui suivent les deux pavillons du milieu, ainsi que les deux pavillons

architectes eut dans les premiers travaux de cette grande entreprise : les changemens qui y ont été faits depuis laissant cette question indécise. Toutefois les connaisseurs croient reconnaître le goût et l'ordonnance de Delorme dans ce qui reste encore de la construction primitive du pavillon du milieu et des deux galeries latérales, ce qui fait qu'on lui attribue l'honneur des plans. Quant à lui, soit par flatterie, soit qu'il eût en effet rendu hommage à la vérité, il déclara que la reine avait eu une grande part aux dessins de cette construction remarquable.

d'angle qui terminent chaque côté de cette longue ligne de façade.

On conçoit déjà que, de cette multiplicité de parties et d'ordonnances dont se trouve composée, tant sur la façade du jardin que sur celle de la cour, la masse totale du palais des Tuileries, devait nécessairement résulter ce défaut d'ensemble et de proportion qui frappe les regards. En effet, le pavillon du milieu, fort bien en rapport avec la façade primitive, paraît aujourd'hui trop petit pour la façade actuelle, et est écrasé par les grands pavillons des extrémités, sous lesquels s'affaissent trop les deux pavillons du milieu, et plus encore les deux premiers corps de bâtimens ou galeries. Aujourd'hui qu'on nous a habitués à des monumens grandioses dans toutes leurs proportions, nous ne concevons pas le goût de nos ancêtres, quand ils édifiaient des palais formés de parties diverses et composés de plus de pavillons que de corps de bâtimens.

Cette bizarrerie nous frapperait bien davantage encore si nous avions pu voir le palais des Tuileries tel qu'il était à l'époque du règne de Louis XIV, lorsqu'on comptait cinq espèces de dispositions et de décorations, et cinq sortes de combles, sans presque aucun rapport extérieur entre ces parties, ni dans la distribution, ni dans le style, ni dans la conception.

RESTAURATION DU PALAIS DES TUILERIES PAR LOUIS XIV.

Louis XIV, nous dit-on, fut choqué de ces disparates, et essaya de faire mettre de l'accord entre ces cinq parties. L'architecte Levau fut chargé de ce raccommodement. Il commença par supprimer l'escalier bâti par Delorme, chef-d'œuvre de construction et de disconvenance, lequel occupait la place du vestibule actuel. Ensuite il changea la forme et la disposition du pavillon du milieu, qui, dans le principe, était une coupole circulaire. Il ne conserva de l'ancienne ordonnance que le premier ordre à tambour de marbre. Deux ordonnances, l'une corinthienne, l'autre composite, surmontées d'un fronton et d'un attique, remplacèrent la décoration de Delorme, et une sorte de dôme quadrangulaire prit la place de la coupole.

Les restaurateurs des Tuileries (car dans cet ouvrage Levau fut le dessinateur et d'Orbay l'exécuteur) conservèrent en leur entier les deux galeries collatérales du pavillon du milieu avec les terrasses qui les surmontaient; mais ils jugèrent convenable de changer la devanture du corps de bâtimens qui s'élève en retraite des terrasses. Cette partie était la moins heureuse de la façade de Delorme. Aux mansardes et aux cartils qui s'y suivaient alternativement, ils substituèrent le rang de croisées et de trumeaux ornés de gaînes qui subsiste encore aujourd'hui avec un attique.

Les pavillons qui suivent de chaque côté ces deux galeries, et qui sont à deux ordres de colonnes, ont été conservés en entier. Ces pavillons ne subirent, dans leur forme, d'autre changement que celui de l'attique actuel substitué aux mansardes : leur décoration resta aussi la même, à l'exception de la sculpture qui orne le fût des colonnes.

C'est aux deux corps de bâtimens à grands pilastres corinthiens, qui, de chaque côté, suivent immédiatement les pavillons qu'on vient de décrire, que commence l'architecture de Ducerceau, ou plutôt de Dupérac. Ici les restaurateurs n'auraient pu réparer que par une construction totale la dissidence qui frappe, dans l'emploi d'un ordre colossal à côté de deux ordres délicats et légers. Il paraît que cela leur fut interdit ; et, en conservant l'ordonnance des façades, ils se contentèrent de

supprimer des lanternes d'escalier pratiquées en
dehors, des ressauts dans l'entablement, des
frontons qui anticipaient sur la frise, et les mansardes du comble.

Les deux grands pavillons d'angle qui terminent
la façade, furent encore plus respectés dans la
restauration, qui semble n'avoir fait qu'en élaguer
de légers détails. La hauteur de leur premier
étage, qui se trouve de 4 pieds et demi plus élevé
que celui du reste de la façade, donne lieu de
penser que, lorsqu'ils furent construits, on avait
déjà le projet de réunir, du côté du sud, les deux
palais du Louvre et des Tuileries par une galerie
couverte. C'est probablement à cette différence
des deux niveaux qu'il faut attribuer ces croisées
montant, à travers l'architrave et la frise, jusque
sous la corniche, et qui produisent un effet si désagréable.

Il ne faut pas oublier que les architectes chargés
de la restauration d'un édifice dont ils ne pouvaient
changer la construction première, ont eu à exécuter un travail ingrat qui sort du domaine de la
critique; car il leur était impossible, dans les con-
ditions où ils se trouvaient, de faire disparaître
des façades toutes les disparates d'ensemble et de
détails qui s'y trouvaient. Ils ont donc dû se borner

à ramener autant que possible toutes les masses discordantes de ces bâtimens à une ligne d'entablement à peu près uniforme, seul moyen qui leur restait de donner une apparence d'unité à des parties détachées et sans accord. Ils y parvinrent en assujétissant les croisées et les trumeaux, les pleins et les vides de toute la façade à une disposition à peu près régulière.

Ce que nous venons de dire de la façade qui règne sur le jardin, s'applique au goût et à l'effet de la façade de la cour, dont toutes les parties, à quelques légères différences près, sont correspondantes.

Malgré tous les travaux que Louis XIV fit faire à ce palais, il reste démontré que cette restauration n'a pas atteint le but que l'on se proposait : la partie du milieu seulement a pu être heureusement remaniée : il y règne un accord de lignes bien entendu, et la variété des masses, des retraites et des saillies qu'on y observe semble y être moins l'effet d'un raccommodement fait après coup, que celui d'une combinaison originelle.

Le pavillon du milieu, considéré soit de la cour, soit du jardin, est le morceau le plus riche de toute la longue façade du palais des Tuileries : ce qu'on a laissé subsister de Philibert Delorme, c'està-dire l'ordonnance des colonnes à bandes de marbre, serait ce qu'on peut faire de plus riche en architecture, si le goût pouvait, dans cet art, admettre les superfluités au nombre des richesses. Pour répondre à ce luxe, on a, du côté du Carrousel, employé des colonnes de marbre dans les ordonnances supérieures, genre de magnificence qu'il est rare de trouver en France en dehors des édifices.

Jusqu'à Louis XIV, le palais et le jardin des Tuileries restèrent séparés par une large rue, bornée, du côté du jardin, par un mur de peu d'élévation, qui formait une espèce de cour. Du côté opposé, la cour proprement dite a subi diverses modifications. Elle était une quand le palais ne se composait que des trois pavillons et des deux galeries; elle fut ensuite divisée en trois parties, au moyen de deux murs qui les séparaient, à partir des deux premiers pavillons latéraux exclusivement (*); de sorte que la cour du milieu ne comportait d'autre largeur que celle de la façade du pavillon du milieu et des deux galeries adjacentes, et chacune des deux autres comprenait l'empla-

(*) La cour des Suisses à droite, la cour royale au milieu, la cour des princes à gauche.

2

cement que forment le pavillon qui est au bout
de cette galerie, le corps du logis qui le suit, et le
grand pavillon d'angle. Du côté de la place du
Carrousel ces trois cours étaient bornées par une
ligne de construction dont les deux extrémités ne
pouvaient être considérées que comme un mur
épais; le centre de cette ligne présentait deux pavillons situés aux angles de la séparation des cours,
et deux guérites, au milieu desquelles était la grande
porte d'entrée, en face du vestibule du château :
ces deux pavillons étaient joints aux guérites par
une galerie de bois couverte et appuyée sur un mur
crénelé.

CHANGEMENS FAITS PENDANT LA RÉVOLUTION.

Lors de la révolution du 10 août 1792, les pavillons furent incendiés, et ne se relevèrent jamais.
Quelque temps après, les murs qui divisaient les
cours et qui les séparaient de la place du Carrousel disparurent. Les bornes de la cour unique
furent reculées de manière à la rendre assez spa-
cieuse pour y faire manœuvrer plusieurs régimens
de cavalerie et d'infanterie, et une belle grille en
fer, à piques dorées, posée sur un mur à hauteur
d'appui et parfaitement semblable à celle de la

terrasse du jardin des Tuileries, remplaça, sous le
directoire, les constructions qui obstruaient la vue
de la façade du palais. Cette grille s'ouvre par
trois portes, dont la principale, qui se trouve au
milieu, est ornée de quatre faisceaux d'armes,
primitivement surmontés d'un coq dont les ailes
étaient éployées : au dessous était un carré long
entouré d'une couronne de chêne et de lauriers,
portant les lettres réunies de R. F. (république
française) : tous ces ornemens étaient dorés. Ils
ont disparu pour faire place successivement aux
emblèmes de l'empire et à ceux de la restauration.

La décoration intérieure du palais des Tuileries
a éprouvé tant de changemens et de vicissitudes
depuis la révolution française surtout, qu'il serait
aussi difficile que fastidieux de chercher à arrêter
les regards de nos lecteurs sur toutes ces transfor-
mations. Ils savent fort bien que la magnificence
de Louis XIV et de ses deux successeurs fut foulée
aux pieds par la convention nationale, et que la
simplicité du directoire et du consulat fut ensuite
remplacée par la magnificence plus grande encore
de l'empire français : ils savent aussi que la restauration, tout en jouissant des grands embellisse-
mens intérieurs dus au règne de Napoléon, a
cherché, autant que cela a été possible, à rétablir

les choses telles qu'elles étaient avant la révolution ; et enfin, que Louis-Philippe, auquel on doit de bonnes innovations dans la disposition extérieure du bâtiment, n'a fait que changer quelques portraits à la décoration intérieure du palais. Nous bornerons donc cette description au vestibule et aux escaliers, qui sont du domaine de l'architecture et que le public peut voir et apprécier tous les jours.

Nous avons déjà dit que le grand escalier, chef-d'œuvre de Delorme, se trouvait, du temps de Henri IV, dans le vestibule du pavillon du milieu, qu'il occupait presque tout entier, de manière à intercepter totalement la vue, qui, en partant de l'entrée principale de la cour, s'étend aujourd'hui jusqu'à l'arc de triomphe de l'Étoile. Cet escalier fut déplacé sous Louis XIV ; Levau et d'Orbay y substituèrent celui que l'on trouvait naguère à droite en entrant dans le vestibule par la cour.

CHANGEMENS FAITS SOUS LOUIS-PHILIPPE.

La principale entrée du château est donc par ce vestibule, dont le plafond, un peu bas, est soutenu par des colonnes ioniques. Jusqu'à Louis-Philippe ce vestibule fut comme partagé en deux dans la largeur du bâtiment, et cette division était formée par quelques marches qu'il fallait descendre pour arriver à la partie du côté du jardin ; aujourd'hui ces marches ont été posées à l'entrée en venant du jardin, et le vestibule se trouve ramené à un même niveau. Il est orné de trois statues : *Mi-nerve, Narcisse* et *un guerrier.*

A droite de ce vestibule était naguère l'escalier construit sous Louis XIV, dont la belle rampe en pierre portait autrefois des ornemens allégoriques à la devise de ce roi et de son ministre Colbert ; l'autre escalier, de construction récente, appartient à l'architecte Fontaine : il est construit à peu près sur le même modèle que l'ancien. Ces deux escaliers font un très bel effet, et le vestibule a beaucoup gagné à cette innovation. C'est par ces deux escaliers qu'on arrive aux salles du pavillon du milieu, et aux deux galeries, dont l'une, celle de droite, vient d'être couverte, et l'autre le sera sans doute bientôt, afin de donner une symétrie parfaite à la façade du côté du jardin.

DESCRIPTION DE L'ORDONNANCE PRIMITIVE DU JARDIN.

La description qui nous reste de l'ordonnance de ce jardin jusqu'à l'époque où le célèbre Le Nôtre en fit le chef-d'œuvre que nous admirons, n'offre qu'une suite de dispositions bizarres et du plus mauvais goût. Mal distribué, dépourvu de tout agrément, n'ayant pas même d'unité, puisque chaque partie était distincte et séparée des autres, le jardin, dont la main de cet homme de génie à fait la plus belle et la plus majestueuse promenade de l'Europe, renfermait autrefois un bois, un étang, un hôtel (celui de mademoiselle de Guise), une volière, une orangerie, des allées, des parterres, un théâtre, un labyrinthe, un écho, une ménagerie, un chenil, etc., etc.

La volière, située vers le milieu du quai des Tuileries, consistait en plusieurs bâtimens. L'écho était au bout de la grande allée, c'est à-dire au bout du jardin : la muraille qui l'entourait avait deux toises de hauteur et vingt-quatre pieds de diamètre : sa forme était celle d'un demi-cercle, et elle était cachée par des palissades. C'était là que les galans de l'époque se rendaient pour donner des sérénades à leurs maîtresses. A peu de distance de cet écho, du côté de la porte Saint-Honoré, était placée l'orangerie, et tout auprès s'élevait une espèce de ménagerie contenant quelques bêtes féroces. Dans le bastion qui tenait à la porte de la Conférence, on avait ménagé un grand ter-

rain qui servait de garenne, et à l'extrémité de
ce terrain, entre la porte et la volière, était un
chenil que Louis XIII donna en 1630, à *Renard*,
valet de chambre du commandeur de Souvré, à
la condition de défricher le terrain qui l'entourait
et d'y planter des fleurs rares. Renard fit de cet enclos un superbe jardin, au milieu duquel il bâtit un
joli pavillon, qui fut long-temps fameux par les
parties fines que les seigneurs y allaient faire.

Tel était le jardin des Tuileries avant que Le
Nôtre l'eût régénéré ; et cette description ne pré-
sente rien à l'imagination qui ne soit incohérent
et désagréable. Cependant les contemporains de
Louis XIII s'extasiaient en admirant la disposition
du labyrinthe et les merveilles de l'écho : toutes
choses assez mesquines, et dignes du temps où les
seigneurs et les dames se déguisaient en bergers
et en nymphes pour aller, suivant l'expression
usitée alors, faire leurs prouesses dans le jardin
des Tuileries, qui servait déjà de promenade pu-
blique.

DÉCORATION DU JARDIN DES TUILERIES PAR LE NÔTRE.

En 1664, Colbert ayant acheté de Ratabon la
charge de surintendant des bâtimens, s'occupa

aussitôt de la restauration du palais des Tuileries. On commença par y joindre le jardin, qui, ainsi que nous l'avons déjà fait connaître, en était encore séparé par une rue, traversant à peu près l'emplacement où était établie la première terrasse contre le château, emplacement que Louis-Philippe vient de destiner, conformément aux plans arrêtés du temps de la Convention, à un petit parterre ou *jardin privé*. Ce fut par les ordres de Colbert que Le Nôtre entreprit, sous Louis XIV, l'exécution du magnifique plan dont il avait tracé le dessin.

On abattit aussitôt le logement de mademoiselle de Guise, la volière et les autres bâtimens qui s'étendaient du côté de la rivière jusqu'à la barrière de la Conférence ; le jardin de Renard fut enfermé dans un nouvel enclos, et sur tout ce terrain, qui contenait alors 67 arpens, Le Nôtre exerça son génie créateur.

Son plan, dont on admire l'unité et la variété des détails, est aussi simple que grand, aussi imposant qu'agréable à l'œil : la plus exacte symétrie n'y produit rien qui ressemble à cette ennuyeuse monotonie que les Anglais reprochent à nos jardins et à nos promenades ; chaque objet se trouve placé de manière à produire l'effet le plus ma-

gique. Tout est beau, parterre, terrasses, bosquets,
statues, jets d'eau, allées. Ce ne fut pas cependant sans difficultés que Le Nôtre parvint à obtenir
cette unité et cette symétrie. Le terrain, considéré
dans sa largeur, qui est de 147 toises, offrait une
pente de 5 pieds 4 pouces, et cet inconvénient semblait offrir un obstacle insurmontable à la symétrie du plan. Le Nôtre masqua cette inégalité au
moyen d'un talus imperceptible et des deux terrasses latérales, qui non seulement la firent disparaître, mais encore ajoutèrent à l'élégance de
cette grande composition.

Considérant ensuite la vaste étendue de la façade des Tuileries, Le Nôtre sentit qu'une aussi
longue ligne de bâtimens avait besoin d'une esplanade qui lui fût proportionnée, et qui en
développât complétement toutes les parties. Il eut
donc l'heureuse idée de ne commencer le couvert
de ce jardin qu'à 122 toises de la façade, et cette
distance semble dans une proportion si parfaite
avec le palais, qu'on n'imagine, dans tout cet espace, aucun autre point où cette masse d'arbres
pût être placée moins favorablement.

Tout le sol de la partie découverte fut enrichi
de parterres à compartimens, entremêlés de massifs de gazon, dont les dessins purs et élégans ont

été conservés jusqu'à nos jours. Ces parterres
sont disposés de manière qu'on a pu y placer trois
bassins circulaires, qui offrent une agréable variété. Ces trois bassins forment un triangle terminé par le plus grand d'entre eux, qui se trouve
ainsi au milieu de la grande avenue.

Au pied du palais était pratiquée une large terrasse, qui servait d'*empatement* à l'édifice, et qui,
avec les deux autres latérales, semblait renfermer
le jardin entier dans un espèce de boulingrin. Chacune de ces terrasses est accompagnée d'escaliers
en pierre d'un beau dessin : on y arrive aussi
par des pentes douces, pratiquées aux extrémités
et dont les murs de revêtement sont remarquables
pour leur belle exécution, principalement ceux
qui sont placés au bout du jardin, de chaque côté
du fer à cheval qui termine ces terrasses. Des
charmilles couvrent tous ces murs de soutènement (*).

(*) Autrefois les bois du jardin des Tuileries étaient entourés de charmilles, et les terrasses étaient bordées d'ifs. A
cette époque il n'existait pas encore de latrines publiques,
et les promeneurs se gênaient si peu qu'il était impossible
de fréquenter les terrasses bordées d'ifs ou de charmilles, à
cause de l'infection qu'elles répandaient. Des motifs de pro-
preté ont engagé M. d'Angevilliers à faire enlever tous les

En face des parterres et dans l'alignement du milieu du grand avant-corps, est plantée une grande allée de marronniers de l'Inde, de 140 toises de longueur et de 19 de largeur (*). Aux deux côtés de cette allée sont distribuées des pièces de verdure, entourées d'arbres à hautes tiges, de bois plantés régulièrement en quinconce, de bosquets, etc.

CHANGEMENS FAITS A LA DÉCORATION DU JARDIN, DEPUIS L'ORDONNANCE LE NÔTRE.

Ces dispositions intérieures ont éprouvé depuis divers changemens, et ne ressemblent plus aux dessins de Le Nôtre ; mais la masse entière des

ifs ainsi que celles des charmilles qui n'étaient pas entourées de grillages. Sous l'empire, le jardin des Tuileries est devenu la promenade la plus propre de la capitale.

(*) Dans le principe, cette allée n'avait que 8 toises de large ; elle était bordée par deux contre-allées qui rétrécissaient trop cette avenue. C'était là le seul défaut que l'on pût raisonnablement reprocher au plan de Le Nôtre. Du temps de la révolution, on l'a fait disparaître en ne faisant qu'une seule avenue de l'allée principale et des deux contre-allées, et en taillant les arbres en palissades. Par ce moyen, on a mis le palais des Tuileries dans un rapport plus intime avec l'avenue des Champs-Élysées.

couverts est restée toujours la même, et conserve l'aspect majestueux que lui donne la beauté des arbres, ainsi que les belles proportions qu'a tracées ce grand décorateur.

Admirable du côté des Tuileries, ce bois offre peut-être un coup d'œil plus ravissant encore du côté opposé. Le jardin s'y termine fort bien par une grande partie découverte, entourée par le fer à cheval qui forme les terrasses, et au milieu de laquelle est placé un vaste bassin de 3o toises de diamètre, dont la forme octogone se trouve en rapport avec les parterres qui l'environnent. Du milieu de ce bassin jaillit une gerbe d'eau jusqu'à la hauteur des plus grands marronniers.

A l'extrémité du fer à cheval qui termine le jardin du côté des Champs-Élysées, on construisit, en 1716, un pont tournant d'un dessin ingénieux, qui établissait la communication directe des Tuileries à la nouvelle place Louis XV. En considérant, du haut du fer à cheval, l'ensemble de toutes ces parties, il règne une telle variété dans les dessins, dans les dispositions des plans, dans l'architecture des terrasses, des palissades, etc., le palais des Tuileries d'un côté, la place Louis XV et la verdure des Champs-Élysées de l'autre, y présentent des perpectives si agréables, qu'il est difficile que l'art et la nature réunis puissent produire des effets plus riches et plus imposans.

Du côté de la terrasse qui borde le quai des Tuileries, le coup d'œil, sans être aussi magnifique, est beaucoup plus pittoresque : la vue s'y promène avec complaisance sur le cours de la Seine, le pont Louis XVI et le Pont-Royal ; sur les façades du palais des Députés, du nouvel hôtel du ministère des Affaires-Étrangères, de celui de la Légion-d'Honneur, et des autres hôtels du quai d'Orsay. Toutefois son exposition au midi rend cette terrasse peu fréquentée en été, tandis que celle qui longe la rue de Rivoli, désignée sous le nom de terrasse des *Feuillans* ou de *Rivoli*, est devenue un des passages les plus fréquentés et les plus animés de la capitale. Quoique la vue soit bornée de ce côté-là par les belles maisons qui bordent la rue, on jouit néanmoins de cette terrasse d'un superbe coup d'œil, surtout de la porte qui est en face de la rue Castiglione, d'où l'on a en perspective la colonne de Napoléon, la belle rue de Napoléon, aujourd'hui de la Paix, et les boulevards.

La terrasse dite des Feuillans étant beaucoup plus basse que celle du bord de l'eau, on avait imaginé de pratiquer dans l'espace qui est au-dessous, et qui la sépare du couvert, de grands tapis de verdure, entourés de plates-bandes de fleurs. Cette admirable variété ne nuisait en rien à la symétrie, parce que la largeur du jardin était si considérable, que les parties dissem-

3

blables ne pouvaient être embrassées du même coup
d'œil.

CHANGEMENS FAITS AU JARDIN DES TUILERIES PENDANT LA RÉVOLUTION.

Ces plates-bandes furent détruites en 1793, par
suite du décret qui ordonnait que l'on sèmerait des
légumes, des pommes de terre ou du blé dans tous les
grands terrains affectés aux jardins de luxe ou d'agrément. Depuis lors ces gazons n'ont plus été rétablis, et
l'espace qui leur était consacré forme aujourd'hui l'allée la plus grande et la plus fréquentée de tout le jardin ; elle est désignée sous le nom d'allée des Orangers, du double rang de ces arbres qu'on y place dans
la belle saison. Cette grande allée est destinée aux promenades d'hiver, et plus encore aux jeux de l'en-
fance.

Sous le directoire, une partie des changemens dé-
crétés en l'an II pour les deux terrasses du jardin furent exécutés ; c'est alors que l'on a fait construire les
deux grandes entrées du côté du Pont-Royal et du ma-
nège : qu'on a fait transporter de toutes les maisons
royales les nombreux orangers et la plupart des statues
de prix qui décorent aujourd'hui ce jardin ; qu'on a
fait élargir la terrasse des Feuillans et convertir en pa-
lestre les pièces de gazon au-dessous de cette terrasse,
où les adolescens vont aujourd'hui s'exercer aux jeux
gymnastiques : c'est alors encore que l'extrémité des

deux terrasses ont été garnies de bosquets, et que la pente douce par laquelle on arrive à ces deux terrasses a été pratiquée ; que d'autres bosquets ont été plantés autour du grand bassin octogone ; que des allées ont été ménagées dans les massifs des arbres pour faciliter la circulation de l'air ; que des statues ont été placées dans les carrés du milieu des arbres ; que l'entrée du Pont-Tournant a été élargie jusqu'aux piédestaux des renommées, et que de belles grilles ont remplacé toutes les anciennes portes.

De nos jours l'architecte Fontaine a fait placer plusieurs files d'orangers et d'autres arbustes sur la terrasse en avant du château : il y a fait aussi porter les plus belles statues et les plus beaux vases du jardin.

EMBELLISSEMENS FAITS SOUS L'EMPIRE.

Sous le règne de Napoléon, les angles des extrémités des terrasses ont été joints au jardin ; le sol a été exhaussé et de nouvelles plantations d'arbres ont prolongé la promenade des terrasses jusqu'aux grilles du côté du château. La grande allée a été élargie : deux rangs d'arbres ont été ajoutés au bosquet qui termine les terrasses. Au buis et aux ifs des parterres ont succédé des tapis de verdure, bordés de plates-bandes de fleurs et ornés d'arbustes. Tous les carrés des parterres ont été entourés de grillages en fer à hauteur d'appui. Le manége et les autres bâtimens qui écrasaient le jardin du côté de la terrasse des Feuillans ont disparu, et Na-

poléon a fait ouvrir la belle rue de Rivoli, ainsi que celle
de Castiglione et la large voie qui aboutit au boule-
vard. Une belle terrasse, pareille à celle du bord de
l'eau, a alors complété la superbe ordonnance du jardin : les cafés, les restaurans qui bornaient cette rue
de Rivoli ont aussi disparu, et une magnifique grille
en fer, à piques dorées, soutenue de distance en distance par des pieds-droits, surmontés de vases, sépare
aujourd'hui, dans toute sa longueur, le jardin, de la
rue de Rivoli, sans en intercepter la vue. Enfin, on
construisit encore, sous le règne de Napoléon, une galerie souterraine qui communique de l'intérieur du
palais à la terrasse du bord de l'eau.)

DESCRIPTION DES STATUES ET VASES QUE RENFERME LE JARDIN DES TUILERIES.

Il nous serait impossible de donner la description
des diverses statues qui ont décoré le jardin des Tuileries ; cela serait d'ailleurs sans utilité aujourd'hui.
Mais après avoir indiqué les dispositions du plan de ce
jardin tel qu'il est, nous n'aurions pas complété notre
tâche descriptive, si nous ne faisions connaître suc-
cinctement les beautés de détail qu'il renferme. Nous
allons y procéder méthodiquement, en suivant l'ordre
qui y règne en ce moment. (*Novembre* 1844.)

Contre la façade ouest du palais des Tuileries, on
trouve, à droite en sortant du péristyle pour entrer
dans le jardin, deux beaux lions de marbre blanc

(n°s 1 et 2) (*), séparés entre eux par des grands vases :
ce sont quatre morceaux estimés (**).

Dans le parterre construit en 1852, et qu'on appelle
aujourd'hui *jardin privé du roi*, règnent, des deux côtés de l'entrée principale (***). trois allées, séparées
par des plates-bandes de fleurs et d'arbustes : celle du
milieu est ornée, en été, d'orangers encaissés. C'est le
long de cette allée qu'ont été placés les vases et les
statues qui décoraient naguère la terrasse du bord de
l'eau et les salons de verdure du milieu des couverts.
On y voit, à partir de l'extrême droite, l'*Hercule ter-
rassant l'Hydre*, en bronze, de Bosio, premier sculp-
teur de l'empereur et de Louis XVIII (n. 3) ; puis une
Nymphe en bronze (n. 4) ; et ensuite l'*Hercule Com-
mode* (n. 5). Dans la partie de gauche du même jardin
privé, on voit l'*Apollon pythien* (n. 6), copie en bronze,
de l'*Apollon du Belvédère* qui existait au Musée impé-
rial ; une *Diane chasseresse* (n. 7), et le *Laocoon*, que
l'on attribue à Phidias (n. 8). Ces trois statues sont
aussi en bronze.

Aux angles de ce jardin privé, ainsi que dans l'espace qui sépare les six statues, sont des vases d'une

(*) Voyez ces numéros sur le plan. Les vases sont indiqués
par un V.

(**) Les statues dont nous n'indiquons pas les auteurs, sont
ou des pièces antiques, ou des imitations de l'antique.

(***) On descend aussi dans la partie de gauche de ce jardin
privé par un escalier découvert, jeté en forme de pont des ap-
partemens de la reine.

grande richesse, dont les deux plus grands sont dus au ciseau des frères Coustou. Enfin, les deux extrémités où se trouvent l'Hercule de Bosio et le Laocoon, renferment encore les quatre légères et charmantes statues qui étaient autrefois dans les deux premières salles de verdure du couvert, représentant, savoir : à droite, la *course d'Hippomène et d'Atalante* (nos 9 et 10); à gauche, celle d'*Apollon et de Daphné* (nos 11 et 12).

Aux deux extrémités du grillage en fer qui clot ce jardin privé, se trouve, à droite, un *Berger joueur de flûte*, par le sculpteur-poète Coysevox (n. 13), et à gauche, le *Chasseur en repos*, de Coustou l'aîné (n. 14). Aux deux angles du même grillage, formés par la grande entrée du péristyle, sont encore, à droite, le *Remouleur* ou ROTATOR, bronze coulé de l'antique par les frères Keller (n. 15), et la *Vénus sortant des ondes*, chef-d'œuvre du ciseau grec, reproduit en bronze par les mêmes statuaires-fondeurs (n. 36).

Au bout de l'ancienne terrasse sur laquelle est aujourd'hui le jardin privé, et dans l'alignement de la marche qu'on descend, se trouvent, toujours de droite à gauche, (en sortant du palais), et entre deux beaux vases, une *Hamadryade* ou *Nymphe de forêts*, par Coysevox (n. 17); une *Flore*, par Coysevox (n. 18) : de l'autre côté, un troisième vase, une *Vénus*, ou *Nymphe au carquois*, par Coustou (n. 19); une *Vénus, dite à la colombe* (n. 20) ; et enfin un quatrième vase.

L'allée qui borde le parterre, tant en face du château qu'en retour, vient d'être ornée des meilleurs mor-

ceaux de sculpture moderne. Douze des statues expo-
sées récemment au Louvre ont été depuis peu d'années
placées sur les socles des anciennes. Elles sont dans
l'ordre suivant : En face du château, toujours de
droite à gauche en sortant, se trouve d'abord *Philop-
pœmen*, par David (d'Angers) (n. 21); puis, à la suite,
Caton d'Utique, par Roman (n. 22), le *Thémistocle,
vainqueur à Salamine*, de Lemaire (n. 23), le *Sparta-
cus*, de Foyatier (n. 24); puis encore *le Laboureur sur
le tombeau des héros*, par Lemaire (n. 25), *Cincinna-
tus*, par Foyatier (n. 26), *Phidias*, par Pradier (n. 27),
et *Périclès*, par Debay (n. 28) : toutes ces statues mo-
dernes sont en marbre et d'une belle grandeur.

Dans l'allée en retour, à droite, sont un *Prométhée*,
en marbre, par Pradier (n. 29) ; *Thésée et le Mino-
taure*, par Ramey fils (n. 30); l'allée en retour, à gauche, contient le *Soldat spartiate mourant*, exécuté par
Cortot (n. 31) ; *Alexandre blessé au siége de la ville des
Manliens*, par Manteuil (n. 32).

Autour du grand bassin rond du parterre sont toujours les six pièces qui le décoraient autrefois; savoir :
à la droite, *Daphné changée en peuplier* (n. 33) ; à la
gauche, *Atlas métamorphosé en rocher* (n. 34) ; ces
deux statues de marbre sont colossales. Elles sont sui-
vies : à droite, de *l'Enlèvement de Cybèle*, par Regnau-
din (n. 35); à gauche, de *l'Enlèvement d'Orithie par
Borée* (n. 36); (ce groupe, que les connaisseurs esti-
ment beaucoup, fut commencé par Marsy et terminé
par Flamand). Après ces groupes viennent les deux

chefs-d'œuvre de Lepautre, *Lucrèce,* à droite (n. 57), et, à gauche, *Énée emportant son père, son fils et ses dieux* (n. 58) ; ces deux beaux groupes sont aussi en marbre.

L'allée qui sépare le parterre du couvert ou du bois, est encore décorée, de droite à gauche : d'une *Diane chasseresse* en marbre (n. 59), puis de deux grands vases, ensuite d'une *Flore* colossale, que d'autres disent être *Glycère,* la maîtresse d'Alcibiade (n. 40). De l'autre côté de la grande avenue, sont : un *Empereur romain,* par Théaudon (n. 41), puis deux autres grands vases, et enfin une copie de *l'Hercule Farnèse,* par Comino (n. 42).

Telles sont les statues, tels sont les groupes et les vases qui ornent le parterre du jardin des Tuileries : ce sont généralement des pièces précieuses, regardées comme les chefs-d'œuvre des sculpteurs célèbres au ciseau desquels on les doit.

Il nous reste à faire connaître celles qui décorent et embellissent les autres parties de ce vaste jardin : nous continuerons à procéder dans le même ordre.

En entrant dans les couverts des bois, on trouve, parallèlement à la grande avenue, et de chaque côté, trois salles de verdure, dont la première forme un carré long, terminé par un cul-de-four, et orné de plates-bandes de fleurs ; les deux autres présentent des enclos ovales, couverts de gazon. Dans la première de ces salles, à droite. s'élevait, sur un pavé de marbre

blanc, un *Apollon Moneta*, par Lepautre (*) (n. 45);
dans la seconde salle, du même côté, est un groupe représentant *Castor et Pollux*, par Coustou jeune et Lepautre (n. 44), et dans la troisième salle se trouve un
Centaure portant un Amour (n. 45).

A gauche, la première salle était ornée d'un *Faune*,
ou *Berger portant un chevreau* (n. 46).

Dans la seconde est un groupe figurant *Bacchus et
Hercule jeune* (n. 47), et dans la troisième est un autre
groupe figurant *deux Lutteurs*, par Mangin (n. 48);
enfin, dans l'angle sud-ouest de cette partie du couvert
se trouve encore un *Sanglier blessé*, en marbre, qu'on
dit représenter celui tué par Méléagre (n. 49). Les
statues qui décorent ces six salles de verdure, ainsi
que l'angle du couvert sont toutes remplies de grâce :
on les admire pour leurs formes sveltes et leur légè-
reté ; elles sont très-estimées.

Depuis peu on a placé dans l'esplanade dite allée des
Orangers, un *Hercule tenant son fils Télèphe*, en bronze
(n. 50), et un beau *Méléagre*, en marbre blanc (n. 51) :

(*) Dans cette salle ainsi que dans celle qui y correspond,
étaient, en outre, savoir : dans celle de droite, Atalante et
et Hippomène se disputant le prix de la course, et dans celle
de gauche, Apollon poursuivant Daphné, morceaux précieux.
Ces quatre pièces ont été transportées, en 1833, au petit parterre
appelé *jardin particulier* du roi, qui touche au palais. Cette
nouvelle disposition enlevait une partie de leur mérite à l'Apollon Monéta et au Faune, lesquels étaient faits pour assister à ces
courses ; aussi vient-on de les descendre tous deux de leurs
piédestaux.

ces deux statues se font face aux extrémités de cette esplanade.

On ne trouve aucune statue sur la terrasse des Feuillans ou de Rivoli. Celle dite du bord de l'eau était naguère décorée des cinq beaux vases et des statues qui se trouvent aujourd'hui dans le jardin privé. Il ne reste plus de ce côté qu'une copie en bronze de l'*Ariane endormie dans l'île de Naxos*, que l'on voit dans une niche pratiquée sous l'escalier du milieu de cette terrasse (51 *bis*), et un *grand Lion écrasant un Serpent*, par Barye, coulé en bronze par H. Gondon. Ce lion est placé à l'entrée de la terrasse du bord de l'eau, du côté du château (n. 51 *ter*).

Au bout du couvert et autour du bassin octogone, sont encore, adossées au bois, dix statues ou termes; savoir : à droite de l'avenue, *Annibal comptant les anneaux des chevaliers romains qui périrent à la bataille de Cannes,* par Sébastien Slodtz (n. 52); l'*Hiver* et l'*Automne*, termes (nos 53 et 54); puis une *Vestale*, copiée de l'antique, que l'on regarde comme le chef-d'œuvre de Legros (n. 55), et un *Sylène* (n. 56). A gauche, *Scipion l'Africain*, par Coustou l'aîné (n. 57); l'*Été* et le *Printemps*, termes (nos 58 et 59); *Agrippine* (n. 60), *Bacchus* (n. 61), ouvrages estimés, surtout l'Agrippine, dont les draperies sont d'un fini admirable.

Du côté du Pont-Tournant, autour du bassin, sont encore quatre groupes, représentant : à droite, le *Tibre*, par Bourdic (n. 62); la *Seine* et la *Marne*, par

Coustou l'aîné (n. 63) : à gauche, le *Nil*, d'après l'antique, par Van-Clève (n. 64), et la *Loire* et le *Loiret*, par Bourdie (n. 65).

Sur le fer à cheval des terrasses sont les *neuf Muses* et *Apollon* (de 66 à 75), cinq de chaque côté. Au-dessus des jambages de la porte dite du Pont-Tournant, s'élèvent *deux Chevaux* en marbre, dont l'un porte un *Mercure*, et l'autre une *Renommée*, tous les deux par Coysevox (nos 76 et 77). Dans le même alignement et aux deux extrémités des terrasses, on a placé, il y a quelques années, *deux beaux Lions* en marbre blanc, par Bosio (nos 78 et 79).

Indépendamment des riches produits de l'art du statuaire, le jardin des Tuileries renferme à l'extrémité de la terrasse du bord de l'eau un joli *kiosque*, que Napoléon fit construire lors de la naissance de son fils, et qui sert aujourd'hui de laiterie et de limonadier. Dans l'allée des Orangers est encore un *casino* adossé contre le mur de soutènement de la terrasse dite des Feuillans ou de Rivoli, dans lequel les promeneurs vont se rafraîchir et prendre des sorbets. Il y a en outre, dans le couvert de droite, trois cabinets de lecture des journaux (*) ; enfin on voit, dans l'allée des Orangers, quelques boutiques ambulantes où l'on vend des joujoux d'enfans et des gâteaux (**).

(*) Les cabinets de lecture sont indiqués sur le plan par un O.

(**) Nous ne regardons pas comme inutile de rappeler ici qu'au bout de l'esplanade des Orangers sont aussi des cabinets d'aisances.